Rainer W. Schlegelmilch Joseph Emonts-pohl

Racing Helme

1	2	3	4
5	6	7	8
9	10	11	12
13	14	15	16

TITELBILDER:

1. **Ayrton Senna**
2. **Keke Rosberg**
3. **Niki Lauda**
4. **Thierry Boutsen**
5. **Johnny Rutherford**
6. **Nelson Piquet**
7. **Henri Pescarolo**
8. **Mauro Baldi**
9. **Nigel Mansell**
10. **François Cevert**
11. **Alain Prost**
12. **Jean-Louis Schlesser**
13. **Chris Amon**
14. **Gabriele Tarquini**
15. **Rupert Keegan**
16. **Martin Donnelly**

Konzept: Joseph Emonts-pohl & Erwin Kirsch
Layout: Angelica Gussoni
Prepress-Produktion: Erwin Kirsch Design KG, St. Vith/B
Printed in E.E.C.

ISBN: 3-85049-085-8

Anfangs trugen die Rennfahrer offene Sturzhelme, Mundtücher und festanliegende Brillen.

Als Jackie Stewart 1968 beim Großen Preis von Mexiko als erster Rennfahrer überhaupt einen Vollvisierhelm trug, zierte ein Schottenmuster seines Familienclans den neuartigen Kopfschutz. Vollflächige Uni-Farben bestimmten damals das Bild.

Der Österreicher Jochen Rindt schrieb sich auf den Helm: „This space to let" und die Presse berichtete: „Werbefläche zu verkaufen." Hartnäckig, auf den Sponsor wartend, fuhr er demonstrativ mit seinem weißen Helm.

Start frei fürs „Sponsorship": Die vergrößerten Helmflächen boten ideale Dekorations- und Kommunikationsmöglichkeiten. Jetzt wurden die Helme in den Landesfarben, mit Wappen und Flaggen bemalt. Bunte Selbstklebefolien waren in den 70er Jahren die Materialien, dann wurden Farben und Formen mit der Spritzpistole aufgetragen.

Individuelle Symbole und Zeichen kamen auf die Sturzhelme; das Leben im dunkelfarbigen Cockpit wurde bunter: Pfeile, Sterne, Streifen, Namen, Initialen, Signets, Grafiken, die abenteuerlichsten Illustrationen auf den verschiedensten Helmformen.

Ein buntes Kaleidoskop an Kuriositäten, grafische Meisterwerke oder Litfaßsäulen?

Wir sind seit 1968 auf vielen Rennstrecken der Welt unterwegs und wollen hier die Vielfalt eines Rennsportaspektes aufzeigen, ohne den Anspruch zu erheben, vollständig zu sein.

Mit dem Griff in die große Diakiste, ins bunte „Allerlei" der Superhelme, bestätigte sich unsere Absicht, eine selbstverständliche Randerscheinung der Formel-1 als Thema dem interessierten Rennsportfreund näherzubringen.

Faszinierend die Vielfalt, die Formen, die Farben...

Rainer W. Schlegelmilch
Joseph Emonts-pohl

Die Ausnahme: René Arnoux in „Weiß", 6 Grand-Prix-Siege.

Rund ums Visier

4

Jackie Stewart, dreifacher Weltmeister, trug beim Grand Prix von Mexico 1969 als erster Fahrer einen Vollvisierhelm. Ein Kranz im schottischen Tartanmuster zierte rundum die obere Hälfte seines Helmes und ließ unmißverständlich die Herkunft des Fahrers erkennen.

5

Das Debüt

Jochen Rindt auf der Suche nach einem Sponsor, deshalb ein „leerer" weißer Helm. Der Österreicher verunglückte tödlich im Training zum Großen Preis von Italien 1970 in Monza, ohne einen Werbepartner für die Bemalung auf seinem Kopfschutz gefunden zu haben.

Erstmal bunt

Henri Pescarolo, „l'agriculteur" — der Hobby-Landwirt aus Frankreich mit Brandnarben im Gesicht. Knallgrün aus Sympathie zur Natur.

Der Schweizer Herbert Müller im feuerroten Helm, mit seinem „Allerweltsnamen" als Schriftzug. Erfolgreich bei den Sportwagenrennen, bis zum Rennfahrertod auf dem Nürburgring.

Weißes Kreuz auf rotem Untergrund für die Eidgenossen.
So fing es an: Viele Rennfahrer besannen sich auf ihr Heimatland, sie dekorierten ihre Helme mit den Farben ihres Landes.

Clay Regazzoni, der italienischsprechende Schweizer, der auch gelähmt noch Rennen fährt.

Jo Siffert, gebürtiger Schweizer, verunglückte 1971 tödlich in Brands Hatch.

Schweizer Kreuzritter

10

Martin Brundle mit seinem gespensterhaften weiß-rot-blauen Helm. Die strenge Anordnung der britischen Nationalfarben ist grafisch meisterhaft.

Deutlich erkennbar sind Teile der Union Jack Flagge auf dem Helm von Nigel Mansell.

Eher bescheiden im Umgang mit der Nationalität: Derek Warwick.

Be British !

12

Forza Italia !

Die italienische Trikolore schmückt als Band die mittlere Helmpartie des Ivan Capelli, flankiert vom Blau seiner Azuri-Fußballnationalmannschaft.

Grün, weiß und blau gestreift für Marco Apicella.

Dieser italienisch dekorierte Helm gehört dem römischen Formel-1-Fahrer Andrea de Cesaris.

Design-Varianten für die deutschen Rennfahrer.

Rot und Goldgelb auf Schwarz, die Landesfarben für Stefan Bellof. Auf dem besten Weg zur Weltmeisterschaft verunglückte er 1985 tödlich in Francorchamps.

Schwarz, Rot, Gold

Gold statt Gelb, längsgestreift. Hans Heyer.

Horizontal und schräg. Bernd Schneider, Deutschlands talentierteste Hoffnung für die Formel 1.

"La Grande Nation„ - Die Nationalfarben Blau, Weiß und Rot schmücken die Helme der französischen Rennfahrer.

Unter der Trikolore

Rennfahrerin Cathy Muller hat das Design ihres Helmes selbst entworfen.

Patrick Depailler im Trikolore-Look. Er verunglückte 1980 tödlich in Hockenheim.

Der Coming-Star Erik Comas (FIA - F-3000-Champion 1990). Die Farben Rot und Blau in silberweißer Gesellschaft.

Blau, Weiß und leuchtendes Marlboro-Rot, leichte Farbvariation für die Trikolore. Alain Prost, der dreifache Weltmeister.

Der Helm des „Professors"

20

Bergers Tiroler-Hut

Der Designer Maurer gestaltete die Österreich-Flagge auf dem Helm von Gerhard Berger.

Die Helme in der Lackierwerkstatt.

Harmonie der Farben: Helmdesign und McLaren-Team-Look.

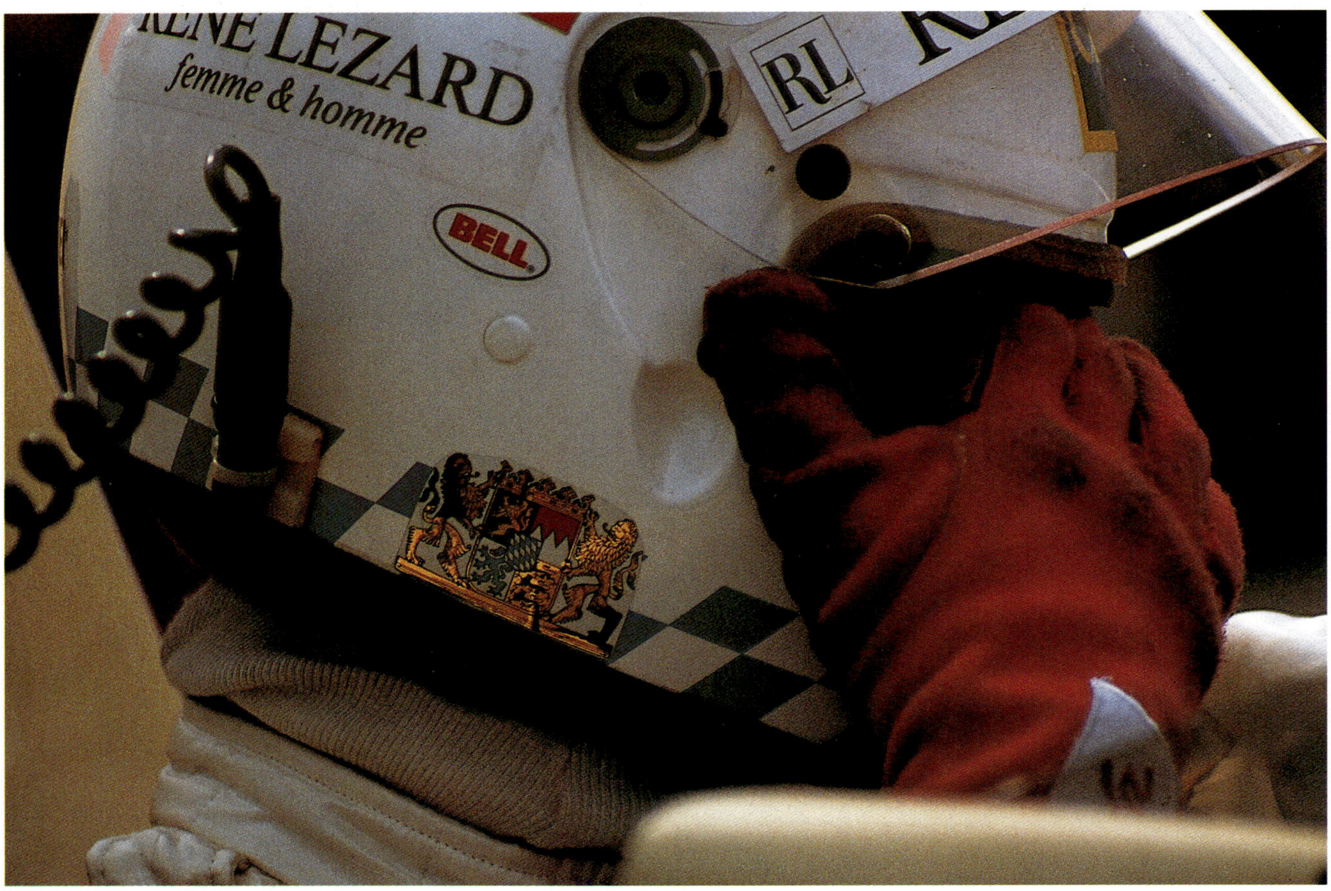

Mister Europe. Bertrand Gachot will nicht nur Belgier, sondern vor allen Dingen Europäer sein. Er hat die Europa-Flagge als sein Markenzeichen gewählt.

Mister BMW. Blauweiß für Bayern. Das Landeswappen als Abziehbild vom Münchener Souvenirstand für den bayerischen Formel-1-Piloten Christian Danner.

Mister Monaco, Graham Hill. Der Mann, der alle Rennklassen gewann. Die Mütze seines Ruderclubs imitierte er auf seinem Helm; sein Sohn Damon erbte die Helm-Idee des Vaters.

Europa, Bayern und Monaco

24

Der D-C-Fix-Adler

Als man die Helme noch mit D-C-Fix-Folie beklebte, galt Ignazio Giuntis Helm wohl als der traumhafteste.
Das Motiv eines Totempfahles schmückt den dunkelgrünen Helm.
Flügel, Schwingen und Krallen eines indianischen Adlers über dem Kopf des Italieners, der 1971 beim 1000-Kilometer-Rennen in Buenos Aires sein Leben ließ.

Ganz persönliche Ideen schmücken die Kopfbedekkungen vieler Rennfahrer. Symbole, die mit der Persönlichkeit des Fahrers zu tun haben, Farben und Formen - ganz privat.

Bruno Giacomelli, Arbeitersohn aus Brescia. Der Helm seines Idols Graham Hill diente als Vorlage für das weiße Rautenmuster, Orange statt Schwarz.

Gabriele Tarquini hat ein Spinnennetz über seinen Helm gezogen. Die italienischen Farben Grün, Weiß und Rot zieren die Seiten.

"The Queen - die Königin der Rennfahrerinnen". Die Südafrikanerin Désiré Wilson hat als einzige Frau ein Formel-1-Aurora-Rennen gewonnen. Mit der Lilienkrone auf dem Helm hat sie sich selbst gekrönt.

Private Collection 1

„MB - The Will To Win". Die Initialen des Mark Blundell umgeben mit dem „Willen zu gewinnen". Der Engländer im Brabham-Formel-1-Team weiß, was er will !

"La Croix du Sud„ - Das Kreuz des Südens für den in Agadir in Marokko geborenen Jean-Louis Schlesser.

Raul Boesels Helm scheinen die farbenprächtigen Schlangen von Avalon zu umarmen.

„Painted by SID", Markenzeichen für das Design dieser brasilianischen Weltmeisterhelme. 7 brasilianische Weltmeisterschaften, 7 mal SID-Design, 7 mal weltmeisterlich.

Nelson Piquet, Weltmeister 1981, 1983, 1987. Phantasievolles in Rot und Weiß.

WM-Creationen von SID

Ayrton Senna, Weltmeister 1988, 1990. Helmfarben und -futter in den brasilianischen Landesfarben.

Der BOSS-Aufkleber in Spiegelschrift, damit die Bordkamera via Rückspiegel die Marke am TV-Schirm seitenrichtig erscheinen läßt.

Emerson Fittipaldi, Weltmeister 1972, 1974. Rote Schleifen auf tiefem Blau.

32

Zwei Fittipaldi-Helme auf einem Mechanikerkasten, gesehen in Indianapolis.

Das SID-Design wurde für Emersons Amerika-Einsätze noch verbessert. Es entspricht in Form und Farben der Bemalung des Comic-Helden Spyder Man. Auch die Mechaniker tragen in Indianapolis beim Nachtanken als Feuerschutz den gleichen Helm wie ihr Team-Pilot.

Spyder Man in Indy

Bewunderung für große, verstorbene Fahrerpersönlichkeiten.

Jean Alesis Bewunderung für Elio de Angelis: Der junge, erfolgreiche Franzose hat die Helmdekoration des 1986 bei Testfahrten in Le Castellet verstorbenen de Angelis kopiert.

In Memoriam

Das große Vorbild des Italieners Michele Alboreto war der schwedische Super-Rennfahrer Ronnie Peterson, der 1978 beim Grand Prix in Monza ums Leben kam. Besonders auffällig ist der kleine gelbe Schirm über dem Visier - verschiedene Bemalung, jedoch dieselben Farben.

Familien-Look für die Andrettis: Rot und Blau auf Silber.

Michael Andretti im Indy-Car.

Mario Andretti, der Lotus-Weltmeister.

Vater Mario mit jüngstem Sohn Jeff in Indianapolis.

Die große Familie

Helme einer Karriere

Rot als ständiger Begleiter, vom Anfang bei Ferrari bis zum Ende bei Marlboro McLaren. Eine „weiße" Ausnahme bestätigt die Regel.

Augen einer Karriere

Ein folgenschwerer Unfall auf dem Nürburgring liegt zwischen der oberen und unteren Bildreihe.

Eine neue Karriere

Eine Ära im Rennsport: der Österreicher Niki Lauda

Laudavisionen

Von einem Cockpit ins andere, von der Straße in die Luft. Abschied von der Formel 1: Niki Lauda in seinem letzten Rennfahrer-Helm mit den Insignien seiner „Lauda Air".

Ein Sponsor sponsort sich selbst. Die Erträge der erworbenen Weltmeistertitel (1975, 1977, 1984) waren gutes Kapital für die neue Aktivität am Himmel, im Cockpit des Fliegers.

Der Kapitän der Lauda Air

Ausgefallene Formen für einen außergewöhnlichen Sport und seine Helden:

Jacky Ickx' Helm der 70er Jahre. Die besonders aggressive Totenkopf "Skull-Head"-Form konnte sich nicht durchsetzen, sie blieb damals das Markenzeichen des Belgiers.

Der englische Bierbrauersohn Piers Courage war einer der wenigen Formel-1-Fahrer, der seine Rennen im Jet-Piloten-Helm bestritt.

Der kleinwüchsige Italiener Arturo Merzario hatte einen ausgefallenen Stratos-Helm mit Seh- und Luftschlitzen.

Extra in Form

Schnelle Pfeile für schnelle Männer.

Der Ire Derek Daly mit dem gleichen Pfeil, den auch der Brasilianer Carlos Pace auf seinem Sturzhelm trug.

Pfeilschnell

Ein rot-violetter Blitzpfeil für den schnellsten Rennfahrer aller Zeiten: der Kanadier Gilles Villeneuve.

Der Schotte Johnny Dumfries hat die Spitze des Pfeiles über die Kinnpartie seines Helmes gezogen.

Mit Flügeln über die Rennstrecken der Welt, flügelhafte Schnelligkeit im Wesen der Männer.

Der Engländer Phil Andrews.

Der Brasilianer Roberto Moreno.

Gerhard Bergers Helmflügel waren Bestandteil des Benetton-Designs.

Die Beflügelten

Blau-weiße Streifen für den „Rookie des Jahres" 1990 in Indianapolis, für den Amerikaner Dean Hall.

Die Gestreiften

Rot-weiße Zebrastreifen
für den Argentinier Enrice
Mansilla.

50

Beim Kalifornier Danny Sullivan stehen die Sterne jede Saison auf einem anderen, den Sponsorfarben angepaßten Streifen.

„J.R." aus Texas, Johnny Rutherford trägt das Namenskürzel gut sichtbar auf dem Visier. Darüber ragt der berühmte Texasstern in den bunten Originalfarben.

Die Sterne der Stars

Einen Sternenkranz für Hans-Joachim Stuck, gemalt von Maurer, entworfen per Zufall. Im ATS-Team in der Formel-1 mußte schnellstens ein Helmdesign gezaubert werden.

D-C-Fix-Sterne wurden ausgeschnitten und aufgeklebt. Den gleichen Helm produziert der Hersteller heute als Sonderserie, besetzt mit Diamanten in den Sternen, für die Stuck-Fans.

Der Arizona-Stern leuchtet beidseitig mit breiten Strahlen auf dem Helm des in Phoenix geborenen und in Italien aufgewachsenen Rennfahrers, Eddie Cheever.

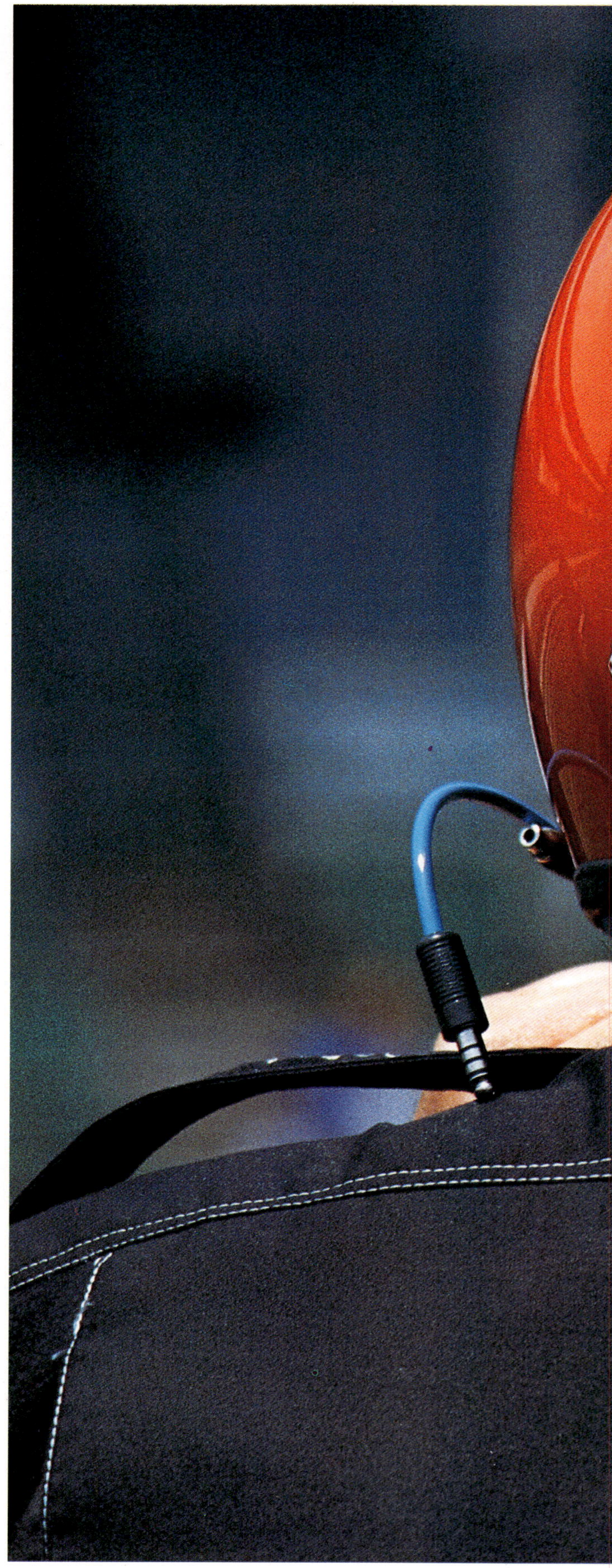

Initialen sind beliebte Dekorationsmotive auf den Sturzhelmen der Rennfahrer.

Ein überdimensionales „K" und „A" für den Briten Kenny Acheson, grafisch stilisiert auf beiden Seiten.

Ein großes weißes „T" auf der Frontpartie. Der Neuseeländer Mike Thackwell trägt auf den Seiten Schriftzeichen der Heilsarmee.

KA, T und AJ

Anthony Joseph Foyt, besser bekannt als „Ay-Jay" Foyt. Der viermalige Indy-Sieger ist in den USA der Größte. Winzig kleine goldene Krone hinten, vergoldete Initialen seitlich, viel Platz für die Indianapolisszenerie im Spiegelbild von Helm und Schrift.

Unübersehbar die Namen der Piloten, große Lettern zieren die Helmpartien.

Rennpause für den ehrgeizigen Südafrikaner Jody Scheckter. Ein breites orangefarbenes Band für den Weltmeister, der ein Jahr nach seinem WM-Titelgewinn zurücktritt.

Die Namhaften

„Hallo Pancho", so begrüßen die Nachbarskinder zu Hause den Neffen des ehemaligen amerikanischen Präsidenten Jimmy Carter. Die Pinselschrift im Regenbogeneffekt wurde eigens für ihn entworfen.

„NAKAJIMA" quer über den Kopf, rote und weiße Landesfarben für den Japaner mit Vornamen Satoru. Unübersehbare Lettern für den stillen Formel-1-Fahrer.

56

Konsequente Corporate Identity, Pennzoil Firmenfarben auf Auto und Helm. Rot und Schwarz auf leuchtendem Gelb. Pennzoil kaufte den Helm des Kaliforniers Rick Mears für seine Werbezwecke.

Werbemedium Helm

Der belgische Künstler Jean-Michel Folon malte eine sphärische Landschaft mit mondartigen Kugeln auf den Helm seines Landsmannes Thierry Tassin.

Bunte Malerei

Einen Drachen für den adeligen Ricky von Opel.

Es sieht so aus, als hätte der Wind die bunte Farbenpracht über den Helm des Amerikaners Steve Lenzi gezogen.

Der Vater malte dem kleinen Stefan Blätter auf den Go-Kart-Helm. Heute noch schmückt sich der schwedische Kunstfreak Johansson mit den Blättern, die der Vater ihm einst malte.

Von Rot bis Gelb, grafisch
angeordnetes Farbdégradé
auf dem Helm, ein mint-
farbener Overall.
Sie ist bunt die Welt des
Formel-1-Zirkus.
Der Brasilianer Mauricio
Gugelmin.

Die Grafik auf dem Kopfschutz des Engländers Martin Donnelly wirkt mit ihren sorgfältig ausgeführten Details wie ein Kunstwerk, das der Fahrer eigenhändig unterschrieben hat.

Grafik Design

Auch die Religiosität der Rennfahrer wird hier und da zur Schau getragen.

Und Jesus fährt immer mit.

Blutverschmierte Initialen auf den Helmseiten, das Kreuz hinten.

Johnny, Sohn des Indianapolis-Siegers Parsons sagt dazu: „Wir alle sind Sünder, auch ich.

Aber Jesus hat mit seinem Blut meine Sünden reingewaschen."

Der Brasilianer Alex Ribero war auch Mitglied der „Jesus saves people". Ein Pfeil zeigt deutlich die Richtung gen Himmel.

„Mein Sponsor ist Jesus", sagt Phil Krueger. Ein goldenes Kreuz, das Sponsor-Markenzeichen auf der Helmrückseite des Indy-Car-Piloten.

Ayrton Senna. Der Helm als Kopfschutz, der Helm als Medium, der Helm als Grafik — immer im Mittelpunkt der schnellen Welt der Formel-1.